# DU CARACTÈRE LÉGAL

## DES

# TRAITEMENTS

## PAYÉS PAR L'ÉTAT

## AU CLERGÉ CATHOLIQUE

Par AUG. LAUWERS, aîné

AVOCAT

BRUGES

Aimé De Zuttere, imprimeur - éditeur.

1879.

# DU CARACTÈRE LÉGAL

## DES

# TRAITEMENTS

## PAYÉS PAR L'ÉTAT

## AU CLERGÉ CATHOLIQUE

Par AUG. LAUWERS, aîné

AVOCAT



BRUGES

Aimé De Zuttere, imprimeur - éditeur.

1879.

# AVANT-PROPOS.

Au lieu de ces quelques pages, j'aurais pu écrire, sur la matière, un livre volumineux.

On ne l'aurait pas lu.

Peut-être aurait-il quelquefois été ouvert et consulté par un petit nombre de ceux qu'il aurait le plus intéressés.

Et cependant, dans les temps mauvais qui nous attendent et que nos ennemis préparent et avancent avec ardeur, il importe que ceux ausquels je m'adresse, soient prévenus, éclairés et aguerris. Prévenus des dangers, éclairés sur leurs droits, aguerris contre des attaques qui seront plus audacieuses que redoutables, si nous le voulons.

C'est pourquoi j'ai tâché, sur un sujet de la plus haute importance, de condenser quelques principes que je crois certains et de présenter des conclusions sommairement justifiées.

La discussion que mon Essai provoquera peut-être, amènera des développements qui n'étaient pas indispensables dès maintenant à la force de ma démonstration.

Les vérités juridiques qu'elle met en évidence n'ont pas été contestées souvent dans les œuvres de la Doctrine.

C'est la Politique seule qui les a combattues et qui s'habitue à les nier.

Les Arrêts de la jurisprudence ont aussi souvent affirmé les droits du Clergé, définis et déterminés dans le Concordat, que les discours et les proclamations révolutionnaires de nos jours, se sont évertués à les méconnaître.

Mais la raison a dicté les uns, comme la passion ne cesse d'inspirer les autres.

Les convictions qui se forment, autant que les adhésions qui se prononcent, sont droites comme la conscience, ou feintes comme le mensonge.

La haine de l'impiété voudrait faire de nos prêtres et de nos Evêques, des fonctionnaires, chargés d'un service public salarié par l'Etat. — Le Droit le défend absolument ; il ne le permettra jamais, malgré ses adversaires qui sont les nôtres.

On doit s'en tenir là et s'abriter sous la Loi qui nous suffit. Elle nous couvre et nous protège aujourd'hui et dans l'avenir elle laissera encore impuissants, les attentats dirigés contre l'Eglise.

C'est de la France sans doute que nous viendra le signal de la lutte à outrance. On s'y occupe à forger les premières armes contre la Religion nationale et l'on sait qui y pousse aux premiers efforts pour la renverser et la détruire. Mais là aussi, la Magistrature et l'élite du Barreau, s'apprêtent à les rencontrer.

C'est dans les sanctuaires de la Justice que la lutte engagée s'y terminera et la victoire n'est pas incertaine.

Notre thèse, nos conclusions qui la résument, ont fait en France l'objet de l'examen de nombreux jurisconsultes éminents et nous les présentons à nos lecteurs, appuyées de leurs suffrages et revêtues de leur formelle approbation.

Nous devons un hommage particulier de reconnaissance confraternelle à M. l'avocat Fernand Nicolay de Paris, que son talent et ses travaux ont rendu si cher à l'Eglise de France et au monde savant.

Bruges, 8 Décembre 1878.

# Introduction.

La religion catholique a tout à craindre des hommes qui se trouvent placés aujourdhui à la tête du gouvernement en Belgique. Il n'est pas de genre d'hostilité qui ne soit préparé contre elle, et pour peu que le temps raffermisse la puissance du Libéralisme parmi nous, il n'est pas de violence à laquelle l'Eglise ne doive s'attendre et contre laquelle elle ne doive dès a présent se prémunir.

L'audace des déclarations les plus menaçantes pour la sécurité des droits des catholiques qui a précédé l'avénement du Ministère actuel, ne nous permet pas de douter du caractère des résolutions qui seront soumises successivement au vote de nos Chambres. Toutes seront dirigées contre le régime de liberté dans lequel se rencontrent les relations de l'Eglise avec l'Etat et contre les principes qui l'ont produit et protégé jusqu'à présent.

Et ce n'est pas seulement aux principes définis et consacrés par la Constitution de 1830, que le Libéralisme belge fera la guerre la plus acharnée et en même temps la plus déloyale, ce n'est pas à des lois nouvelles, en opposition flagrante avec les dispositions fondamentales de notre charte qu'il demandera les moyens d'asservir l'Eglise, de combattre son influence sociale et de détruire ses institutions.

Les projets annoncés dans nos Chambres par quelques uns de ceux qui ont pris depuis peu les rênes du gouvernement et les actes plus récents réitérés et maintenus par le ministère, malgré leur incontestable illégalité, doivent nous persuader qu'aucune législation ne trouvera grâce devant lui, pour peu qu'elle reconnaisse des droits à l'Eglise.

L'illusion n'est pas possible.

Jusqu'aux droits qui ont survécu aux atteintes des premiers révolutionnaires de la France, jusqu'aux mesures de restauration prises avec tant d'hésitation et de parcimonie après la Convention, jusqu'aux stipulations du Concordat, jusqu'aux lois et prescriptions Consulaires, jusqu'aux décrets même les plus arbitraires de l'Empire, — tout sera remis en question désormais, tout sera contesté et nié ou altéré, par les juristes en faveur auprès du Libéralisme contemporain, pour peu que l'Eglise ait pu jamais les invoquer utilement et s'en prévaloir sans péril.

Parmi les projets si bruyamment annoncés aujourdhui en France comme en Belgique, et que nous nous disposons de combattre les uns après les autres, dans nos prochaines publications, entre toutes les tentatives radicales, à essayer contre l'Etablissement écclésiastique admis dans l'Etat, au sommet des réformes dont l'application est le plus âprement exigée dans la législation à venir, nous trouvons la suppression du budget des cultes formulée, sans aucun doute, avec le plus de netteté et réclamée avec le plus d'effronterie.

Il ne paraît pas qu'on ait un instant songé au caractère légal des allocations de ce budget, ni à la situation, qui s'imposerait aussitôt, au Gouvernement qui aurait réussi à pouvoir les refuser au clergé.

On parle et l'on continue de discourir sur la suppression du budget des cultes, comme si elle constituait une mesure de persécution, ordinaire et facile, permise aux ennemis de la religion catholique, assurés de la majorité dans des chambres législatives.

On ne fait pas état des insurmontables difficultés légales qui s'opposent à l'exécution de ce projet. On ne calcule pas le nombre des législations successives qu'il faudrait avoir renversées avant de pouvoir atteindre et sacrifier les droits budgétaires du clergé. — On oublie qu'il ne suffirait pas d'avoir obtenu la révision des dispositions constitutionnelles aujourd'hui en vigueur et d'avoir introduit dans une charte nouvelle le principe même de la suppression du budget des cultes, pour permettre à notre Gouvernement de la décréter en effet, sans encourir et mériter le reproche de violence et celui plus intolérable encore, d'iniquité et de spoliation ou de vol.

C'est assez dire qu'une série de lois, — fussent-elles les plus habiles et les plus artificieuses, dût-on leur donner des prétextes en apparence plausibles, pût-on en justifier la présentation par des faits regrettables aux yeux de tous, — ne saurait honnêtement consacrer, par des moyens détournés et indirects, des attentats que la toute-puissance d'une constitution, d'une loi fondamentale nouvelle, ne saurait jamais légitimer, ni chez nous, ni en France.

Avant de parvenir à leurs fins et de pouvoir efficacement décréter l'abolition du droit du clergé aux traitements payés à divers titres par l'Etat, il faudrait que nos adversaires eussent supprimé le droit naturel et rendu muets les codes civils de tous les peuples.

Telle est notre proposition, notre thèse.

Nous n'aurons pas de peine à l'établir et nous comptons, au bout de notre démonstration, sur l'adhésion, fût-elle pour quelques uns contrainte et forcée, de nos lecteurs, amis et ennemis.

A ceux-ci, il suffira de vouloir comprendre et de ne pas récuser les conséquences, encore qu'elles leur soient pénibles, de l'inexorable logique des faits historiques que nous leur présentons et des déductions qui s'en détachent.

# I.

1. — Deux atteintes ont été portées dans ces der-
niers temps, au droit de propriété qui appartient à
l'Eglise : l'une, odieuse parcequ'elle fut injuste et
violente, à la fin du dix-huitième siècle, dès les
premiers jours de la Révolution française, l'autre,
consentie librement, au commencement du dix-
neuvième siècle, par le Concordat conclu entre
l'Etat français et le Saint-Siége.

Communément on enseigne que le décret du 2
Novembre 1789 et les différents actes, aussi bien de
l'Assemblée constituante que de la Convention, qui
le suivirent, ont inauguré et successivement organisé la *confiscation* absolue et complète, de la pro-

priété ecclésiastique, comme aussi généralement on prétend que la Loi du 8 Avril 1802 et les dispositions promulguées depuis cette date, ont consacré le principe de la *réparation* et de la restauration de *tous les droits* méconnus d'abord et sacrifiés.

Cette manière de voir et d'apprécier, manque à la fois d'exactitude et de justesse. — Les faits la contredisent et le texte même des Lois et des Traités ne l'autorisent pas pleinement.

Sans doute, les révolutionnaires français spolièrent l'Eglise d'une précieuse partie de ses droits naturels et séculaires et le premier Consul se donna en effet pour mission de redresser dans le Concordat, les torts de sa nation et de reconstituer le patrimoine sacré qu'elle avait permis à ses sauvages représentants, d'envahir et de souiller.

Sans doute les premières Lois offensent la justice et dans les autres, on rend hommage au devoir de restituer. Mais encore trouvons-nous de l'exagération à prétendre que l'Assemblée constituante *a consommé* la spoliation de la propriété ecclésiastique, puisqu'elle en a respecté *la valeur*.

Peut-on d'autre part, soutenir que le Concordat a tout restauré et tout rétabli, en présence des déclarations du Saint-Siége, confirmées par ses cocontractants, qui nous signalent en même temps l'énormité des sacrifices consentis par l'Eglise et des lésions auxquelles il n'est point porté remède dans ce Traité mémorable? Serait-il téméraire de prétendre qu'on a forcé et étendu outre mesure la portée des Lois de confiscation, comme on a trop accordé aux efforts et aux intentions gracieuses des rédacteurs du Concordat?

Ceux-ci, en France et en Belgique, ont laissé la Religion catholique privée de bien des droits, mais celles-là ne renfermaient pas d'abord la négation absolue du fondement même des droits de propriété de l'Eglise, en ce sens qu'elles n'ont *ni voulu, ni osé la formuler.*

Nous croyons cette interprétation seule rigoureusement juridique. Nous la reprendrons plus tard, riche de conséquences.

Du texte de ces Lois révolutionnaires comme des stipulations concordataires, il résultera pour nous, que le Culte est demeuré créancier *civil* et crédirentier *perpétuel* et *successif* de l'Etat.


2.—Ce fut Talleyrand qui le 11 Octobre 1789, réclama le premier, au sein de la Constituante, la confiscation des biens du clergé. Mais il est bon de noter que sa proposition fut faite au nom d'un comité, institué le 28 Août, pour examiner *un projet d'emprunt* et que dès le début il en subordonna le vote par l'Assemblée Constituante aux conditions suivantes : « Revenant sur le décret du 11 Août précédent, il estimait le revenu des dîmes à 80 millions et celui des biens fonds ecclésiastiques à 70. — La Nation confisquerait les biens fonds. Sur les prix de vente on rembourserait la rente que le clergé payait à l'Etat. Avec le reliquat et le produit des dîmes, l'Etat assurerait au clergé *à peu près cent millions de revenus*, variables suivant le prix du blé, *qu'on estimerait tous les dix ans*. Plus tard cette charge serait réduite à 85, peut-être à 80 millions par l'extinction d'un grand nombre de titulaires de bénéfices que l'on qourrait supprimer. *Cette dotation du clergé serait solennellement reconnue comme dette de l'Etat.* » C'est textuel.

Deux jours après, le 13 Octobre, Mirabeau, qui voulait à toute force présenter dans les questions religieuses les motions les plus radicales, demanda à l'Assemblée de décréter :

1° Que *la propriété des biens du clergé appartient à la nation, à la charge pour elle de pourvoir à l'existence des membres de cet ordre* ;

2° Que la disposition de ces biens sera telle qu'aucun curé ne pourra avoir *moins de douze cents livres, avec le logement.*

3. — Contre ces deux adversaires, Siéyes qui cependant avait épousé comme eux et défendait avec chaleur les principes de la Révolution, défendit énergiquement les droits de la propriété ecclésiastique.

A ceux qui ne voyaient dans l'Eglise qu'un corps moral et qui prétendaient que le clergé n'existait que par la Nation, maîtresse à tout moment de les détruire ou de les spolier, il répondit avec infiniment de verve. Il contribua ainsi à faire accueillir par Mirabeau lui-même les changements notables que nous verrons le tribun apporter plus tard au texte de sa motion si radicale au début.

Les paroles de Siéyes semblent favoriser cette supposition. Elles renferment, en substance, les motifs de la modification qu'on fit subir à la proposition de Talleyrand.

« La nation elle-même dit-il, est-elle donc autre chose qu'un corps moral? Vous aurez beau faire déclarer que les biens ecclésiastiques appartiennent à la nation, je ne sais ce que c'est que déclarer *un fait qui n'est pas vrai*. Lors même que saisissant le moment favorable vous feriez déclarer que les biens du Languedoc appartiennent à la Guyenne, je ne conçois pas comment une simple déclaration pourrait changer la nature des droits. » — Après Siéyes, ce fut le tour de Camus, le rédacteur de la Constitution civile du clergé.

Il fit, comme Siéyes, acte d'indépendance à l'égard des révolutionnaires et soutint le droit du clergé à rester propriétaire et l'obligation pour l'Assemblée de ne pas se déjuger.

« Le clergé, dit-il, a fait ses acquisitions sous l'autorité des Lois. — Sous Charles-Martel, on envahit une première fois ses biens, mais Charlemagne accorda la perception des dîmes comme indemnité. — Si les corps ecclésiastiques se sont éloignés de leur destination, il faut les y rappeler, mais non les détruire..... Si l'administration de leurs biens appartient à la nation, comme on le prétend, elle ne peut en disposer sans acquitter la créance privilégiée qui les grève, c'est-à-dire sans s'occuper des pauvres, sans assurer la subsistance des pasteurs. Il né suffit pas de s'occuper des curés, il faut penser aussi aux évêques, aux chapitres, aux communautés savantes; il faut donc rejeter la proposition, ou attendre, pour décider en connaissance de cause, que le comité ecclésiastique ait remis les états de l'avoir et des dettes du clergé..... »

4.— A son tour Maury fit un discours très-incisif, qui excita les colères de la gauche. Il nous importe d'en citer un extrait: « ... La ruine absolue du clergé séculier et régulier semble être décidée dans cette Assemblée; mais si c'est la force du raisonnement qu'il faut combattre, nous pouvons ne pas désespérer de notre cause...

» Le clergé possède, *puisqu'il a acquis et qu'il a reçu.* Les biens du clergé appartiennent à la nation comme la province de Bourgogne appartient à la nation, et cependant la province de Bourgogne à des propriétés: de même les biens du clergé appartiennent à la nation et le clergé a des propriétés. Je le repète: le clergé possède parce qu'il a acquis et reçu....... — Qu'on prouve qu'il a usurpé! Que diriez-vous d'un seigneur de paroisse ruiné qui après avoir assemblé ses créanciers leur abandonnerait les fonds dont il a doté la cure? Cet exemple vous révolterait sans doute : eh bien, messieurs, vous allez donner cet exemple sur quarante-cinq mille paroisses... »

5.— Un député, aujourd'hui peu connu, Pellerin, discourut encore avec beaucoup de science et d'habileté en faveur de la propriété ecclésiastique, mais le discours capital de cette discussion, qui dura près de trois semaines, est celui de Malouet. Sans doute il n'obtint pas le succès qu'il méritait mille fois de remporter, mais il n'en est pas moins vrai que si l'Assemblée l'avait écouté, elle aurait légué une situation religieuse beaucoup moins troublée.

Celui-là mérite tous les éloges de la postérité qui dans une discussion aussi grave n'épouse pas les passions d'un parti violent, pèse froidement les intérêts engagés, et sait offrir à un pays obéré et troublé, des combinaisons capables de rétablir les finances de l'Etat tout en maintenant la tranquillité. Combler le déficit et relever le crédit, assurer la paix religieuse pour le présent en résolvant pacifiquement les questions les plus irritantes, et l'assurer ainsi pour l'avenir en déterminant sagement la position de l'Eglise dans l'Etat, tel était le triple but que Malouet s'était assigné, et que l'Assemblée aurait pu atteindre si elle était entrée dans la voie qu'il lui montrait. Mais ce qu'elle voulait ce n'était point la pacification religieuse, mais le conflit, mais la guerre violente, afin de profiter du trouble et de l'agitation des esprits pour en finir avec la religion.

Avant d'exposer en détail les mesures qu'il comptait proposer, Malouet réfuta certaines doctrines à la mode dans le parti révolutionnaire, en spécifiant la nature même de la possession du clergé, et en prouvant qu'on ne pouvait retourner contre lui l'édit de 1749, qui avait au contraire consacré son droit.

Le grand argument des philosophes était celui-ci : l'ordre du clergé a disparu, donc il ne peut plus être propriétaire. Malouet établit que les biens n'avaient pas seulement été donnés à ce corps qu'on appelait l'ordre du clergé, mais à tel évêché, telle communauté, telle paroisse. Il n'y avait pas, soutenait-il, un grand propriétaire des biens de l'Eglise de France qui s'appellerait le clergé ; les propriétés de l'Eglise sont subdivisées en autant de dotations distinctes qu'il y a de services religieux représentés par les évêchés, les chapitres, les cures, etc.

Il n'y avait plus d'assemblées du clergé, mais les paroisses et autres corps moraux subsistaient encore et c'étaient là les véritables propriétaires.

6. — Malouet nia formellement que la volonté générale de la nation se fut manifestée contre la propriété ecclésiastique, mais ajouta-t-il, se fut-elle manifestée, *la nation n'en serait pas moins obligée d'exécuter les conditions sous lesquelles les biens dont il sagit ont été donnés à l'Eglise*. En réalité toutes ces propriétés ont été par indivis et par substitution, léguées aux pauvres en même temps qu'à l'Eglise: la nation doit agir en conséquence.

Tel est le point de départ du système de réforme de Malouet, que nous pouvons résumer en ces termes: « Il faut prendre avant tout sur ces biens de quoi subvenir aux besoins de la religion et des pauvres, l'excédant seul sera attribué à l'Etat. Les revenus du clergé, selon son estimation, s'élevaient à 160 millions. Les réformes, suppressions, réductions à opérer sur divers établissements permettaient de prélever une somme annuelle de trente millions pour les pauvres et avec une aliénation successive d'immeubles pour la valeur de quatre cents millions on pourrait mener à bien cette opération.

Ainsi donc les biens de l'Eglise seraient surtout employés à assurer la subsistance des pauvres, tout en respectant la dignité du clergé, qui pourrait faire ce grand sacrifice sans s'avilir lui-même ni blesser les droits sacrés de la religion. La dignité du clergé, l'indépendance du catholicisme étant ainsi sauvegardés, on procéderait à une réforme plus complète; on réduirait le nombre des évêchés, des abbayes, des canonicats; une commission ecclésiastique serait chargée de proposer toutes ces suppressions et de ne conserver que les bénéfices réellement utiles. Provisoirement il serait sursis à toute nomination de bénéfices et à toute admission de novices dans les ordres religieux. *Mais le principe même de la propriété serait demeuré intact et inviolé.* »

Le plan de Malouet pourrait sembler même aujourd'hui prudent et sage; nous ne décidons pas.

Il donnait satisfaction à ceux qui voulaient des réformes, et en même temps voulait maintenir la paix religieuse du pays en ne dépouillant pas brutalement le clergé comme un coupable ou un malfaiteur, et en l'associant au contraire à une œuvre volontaire de transformation. Il prétendait sauvegarder toutes les convenances et tous les droits en faisant indiquer par le clergé lui-même les établissements religieux qui seraient supprimés.

Ce qui nous paraît indiscutable, c'est que si l'assemblée avait en effet adopté cette manière de procéder, une grande opération financière aurait été consommée sans secousse, la révolution modérée obtenait un succès éclatatant ; de terribles discussions religieuses étaient écartées pour le présent et l'avenir. L'Etat fesant vendre une partie considérable des biens du clergé par l'Eglise elle-même, la paix publique ne pouvait pas être troublée par les querelles religieuses qu'une vente faite par l'Etat seul, devait nécessairement amener.

La question des acquéreurs des biens nationaux qui devait agiter si tristement le pays ne pouvait même pas s'élever, et l'opération se faisait dans de meilleures conditions.

7. — Après une discussion orageuse qui dura trois semaines, comme nous venons de le dire et que l'intervention de la populace fit plus d'une fois dégénérer en scandale, Mirabeau vit admettre sa proposition substituée à celle de Talleyrand, Garat jeune, Barnave et autres, par 567 voix sur 914 vstants. — Celle de Malouet ne fut pas prise en considération.

C'était le 2 Novembre 1789. Dès le 7 Novembre le décret fut redigé et publié.

Mais c'est ici le lieu de faire ressortir avec vigueur

et éclat, la différence fondamentale, essentielle dirions-nous, qui existe entre le projet primitif de Talleyrand et le texte de la proposition modifiée de Mirabeau, devenu la lettre même du décret du 2 Novembre 1789.

Talleyrand proposait de faire reconnaitre par le vote que *les biens du clergé appartiennent à la Nation* et Mirabeau s'était rallié à l'évêque d'Autun dans la séance du 3 Octobre.

Le principe de la spoliation, radicale et complète avait été d'abord nettement formulé; l'Assemblée avait été conviée à le proclamer solennellement. Mais comprenant les dangers d'un pareil vote et les désastres qui l'auraient suivi, elle recula, elle n'osa pas décréter que *le patrimoine ecclésiatique deviendrait et serait désormais la propriéte de l'Etat* et ne voulut se prêter qu'à des expédients moins violents.

Et c'est précisément Mirabeau qui vint les lui offrir *en changeant sa première formule* et modifiant, du même coup, la nature et la portée des déclarations demandées à l'Assemblée.

Cette modification fit taire bien des scrupules — qui plus tard il est vrai cessèrent de s'alarmer — et en semblant réserver la question de principe, Mirabeau réussit à faire du texte de son compromis, l'article premier du décret, ainsi conçu:

« Tous les biens ecclésiastiques sont *à la disposition* de la nation, *à la charge* de pourvoir d'une manière convenable *aux frais du culte, à l'entretien de ses ministres* et au soulagement des pauvres...... »

Le texte ne dit pas que la *propriété des biens de l'Eglise appartient à l'Etat.*

Plus tard, nous reviendrons sur la portée juridique de ces mots « *à la disposition* » dont le décret s'est servi, en soumettant à nos études, l'art. 12 du Concordat et plusieurs des articles organiques qui se sont servis des mêmes expressions, pour fixer les mêmes significations de mesures d'attribution et d'appropriation, tout à fait identiques ou analogues.

Qu'il nous suffise pour le moment d'avoir bien établi que les intentions manifestes de Mirabeau, étaient de *réquisitionner* les biens du clergé, de s'en servir comme d'un *gage*, d'une *garantie*, à offrir, en vue d'écarter la banqueroute, et de mettre aux mains de l'Etat, à la place de l'or qui s'était enfui des valeurs et des titres assez sérieux, pour autoriser désormais, sans trop de honte, la circulation des assignats.

C'est lui encore qui se charge de justifier ses explications.

A la fin de son deuxième discours, et au moment

de déterminer le sens de sa proposition, il conclut en ces termes : « Il ne s'agit donc pas de PRENDRE les biens du clergé pour payer les dettes de l'Etat, car on aurait pu décréter le principe de la propriété de la nation sans que le clergé cessât d'administrer ces biens et d'en jouir seul. Ce qu'il faut aujourd'hui à l'Etat, ce ne sont pas des *trésors*, c'est un *gage* et une hypothèque, c'est le *crédit* et la *confiance....*

Pour nous, point de doute.

Avec son aplomb habituel qui laissait croire que jamais il n'hésitait et que jamais il ne s'inquiétait des conséquences de ses discours, Mirabeau fit entrevoir à l'Assemblée que peut-être on n'aurait pas disposé de l'intégralité de ces biens, tant s'en faut qu'elle eût eu à redouter le danger d'émettre un vote de principe et d'investir *un propriétaire nouveau, des droits anciens dérobés à l'Eglise.*

Les historiens de ces temps néfastes nous ont d'ailleurs laissé les assurances les plus honorables, sur les dispositions de plusieurs des constituants. Ils se rallièrent au projet de Mirabeau, espérant que dans des temps meilleurs, les biens requisitionnés, au nom du crédit et de l'honneur de la France, auraient pu être recouvrés et qu'en effet, la promesse de n'emprunter que *leur valeur*, serait demeurée sainte et respectée.

Il n'en fut pas ainsi; nous le reconnaissons très volontiers; la violence fit bientôt céder le droit. Les révolutions ne s'arrêtent pas; elles périssent par le mal qui les à fait naître, mais en est-il moins juste et moins utile de caractériser ce point de départ?

8.— Le 12 Août 1789, l'Assemblée Nationale avait proclamé, dans l'art. 17 de la déclaration des Droits de l'homme, que la propriété était un droit inviolable et sacré, *un droit que la loi ne crée pas, qu'elle reconnaît, qu'elle sanctionne et protége.*

Elle ne pouvait donc soustraire aucune propriété légitime au bénéfice de sa déclaration, sous peine de supprimer celle-ci et de la remplacer par la déclaration implicite des principe du communisme, substitué à la propriété privée. Cette considération l'inspira certainement au début et le 2 Novembre 1789, le souvenir n'en était pas effacé.

On nous dira que la limite fut franchie et que le désaveu succéda à l'hommage. — C'est vrai, nous ne songeons pas à le contester un instant. Mais les événements révolutionnaires qui vinrent attrister la France depuis 1789, ne sauraient évidemment permettre au jurisconsulte de modifier l'interprétation des Lois *antérieures*. — C'est ce que l'on ferait, ou tenterait de faire, en cherchant à expliquer le décret du 2 Novembre 1789, par les crimes de la Convention et de sa Terreur.

Le clergé était propriétaire, en vertu d'acquisitions à titre onéreux, de donations et de legs, aux conditions imposées par les donateurs et les testateurs et en conformité rigoureuse des prescriptions du Droit public et de la loi civile des époques traversées jusqu'à la Révolution.

La propriété dans le chef de l'Eglise, avait donc les mêmes caractères et s'était perpétuée avec les mêmes garanties, que la propriété des individus. Elles partagèrent aussi l'une et l'autre, le même sort. — Elles furent méconnues et violées après avoir été proclamées saintes et inviolables.

Les Décrets des 9 Février, 30 Mars et 27 Juillet 1792 et 28 Mars 1793, ordonnèrent la confiscation, la spoliation réelle et complète des biens des émigrés, malgré l'art. 17 de la grave déclaration du 12 Août 1789.

Plus tard, le Sénatus-Consulte du 26 Avril 1802 et les lois des 5 Décembre 1814 et 27 Avril 1825, les restituèrent en nature et en valeur.

De même, l'Assemblée constituante et surtout la Convention après elle, cessèrent de garder souci de l'article 17 de la déclaration des droits de l'homme et des scrupules qui avaient inspiré et contenu les législateurs du 2 Novembre 1789. — On passa outre et le 20 Décembre suivant, sur la proposition de Treilhard, on fit le premier pas dans les voies larges de la confiscation.

Depuis cette date, jusqu'au Décret du 3 Novembre 1793 qui spolia jusqu'aux fondations particulières, la Révolution ne discontinua plus sa sinistre besogne et la vente forcée de tous les biens ecclésiastiques, de cures, de mênses épiscopales, de chapitres, de fabriques, de confréries etc. etc., fut successivement ordonnée *et en partie* consommée.

Mais gardons nous de croire que même à cette époque, sour la main sanglante des tyrans qui l'étreignaient, la France ait eu à déplorer, dans sa Législation qui nous est restée, autant d'erreurs et d'iniquités que la Terreur a commis de méfaits et d'excès odieux.

En fait, ainsi que le dit Prompsault, les *traitements* du clergé qui devaient remplacer les dotations supprimées, les dîmes et les oblations curiales, ne furent payés que pendant deux ans, par l'Etat qui s'était engagé à les payer à perpétuité. Mais comment ce résultat fut il obtenu? Ce ne fut certainement pas en invoquant la Législation qui avait organisé la main-mise. — La République pour n'être plus obligée de supprimer les frais de l'entretien d'un culte, *tua tous les cultes*, comme elle avait tué, tous les établissements auxquels il avait été reconnu et réservé certaines créances

Nous ne saurions assez le répéter, les Lois, que nous venons d'analyser, tout injustes qu'elles soient, n'avaient pas prévu, *le fait* de confiscation absolue, de spoliation brutale et par voie de destruction, dont la Révolution s'est rendue coupable. Et si ces Lois ne peuvent justifier la prétention moderne de *voler* purement et simplement les allocations budgétaires fournies au Culte rétabli, c'est parcequ'alors aussi, elles protestaient énergiquement contre les crimes qu'elles n'avaient pas autorisés.

9. — Il suffit de lire attentivement les Décrets portés depuis le 20 Décembre 1789, pour se convaincre de cette vérité et l'affirmer avec nous.

Dans *chacun d'eux* nous trouvons la nationalisation des biens ecclésiastiques appliquée avec plus d'audace, avec moins de retenue et d'exceptions, à mesure que la période révolutionnaire se rapproche des dernières catastrophes. — Mais pas un de ces Décrets ne l'applique dans sa lettre, en dehors du principe de *compensation* et *d'indemnité*, admis tant d'abord dans celui du 2 Novembre 1789, — aucun n'a fait abstraction de la doctrine des *équiva-lents*, introduite par Mirabeau en faveur des consciences timorées, — aucun enfin n'a oublié que l'Etat en spoliant l'Eglise, déclarait, avec solennité, qu'il se contenterait d'opérér une *substitution* dans la gestion d'un patrimoine dont il jurait de maintenir la destination et l'affectation spéciale aux besoins du Culte et de ses ministres. Prouvons-le :

*A*. La loi du 10 février 1791, porte que les immeubles affectés à l'acquit des fondations, des menses et autres services, seront vendus, dans la même forme que les biens nationaux et aux mêmes conditions.

Mais elle ajoute *qu'il sera payé* aux curés et autres titulaires attachés à ces services, *quatre pour cent, sans impot ni retenue, du produit net de la vente de tous ces biens*. En même temps elle valide les ventes déjà consommées, *mais à la charge également de payer au ayants droit la revenu à quatre pour cent du capital réalisé*.

*B*. La Loi du 9 Mai 1791 ordonne la vente des biens

des Evêchés. Mais elle impose l'obligation de tenir compte de l'intérêt du prix et de l'affecter, *avant toute autre fin*, au logement et à la dotation de l'Ordinaire.

*C.* La loi du 19 Juillet 1792, prescrit la vente, nommément des palais épiscopaux, mais elle a soin de rappeller itérativement l'obligation qu'imposait la loi du 9 Mai 1791.

*D.* La loi du 19 Août 1792, enlève au profit de la Nation, tous leurs biens quelconques aux fabriques d'églises provisoirement préservés des premières conséquences de la main-mise, mais de rechef, elle dispose que *le trésor paiera à chaque fabrique, quatre pour cent l'an, du prix de la vente* des dits biens respectifs.

Il en est ainsi de chacun de ces Décrets-Lois et l'énumération que nous pourrions en faire, prouve avec une évidence uniforme et indéniable qu'en s'appropriant et en aliénant le fond des immeubles ecclésiastiques, l'Etat s'est imposé la condition et a reconnu l'obligation de pourvoir autrement aux fins aux quelles ces immeubles et ces biens de toute nature étaient consacrés, c'est-à-dire, aux frais du culte — à l'entretien de ses ministres — aux réparations et aux reconstructions des églises, — des presbytères, — au soulagement du pauvre et au maintien des asiles que la charité de l'Eglise leur avait ouverts sur le sol de la France.

10.—Ainsi jusqu'au bout, il demeure vrai qui si la rage de l'impiété et la folie révolutionnaire ont ruiné le Clergé et l'Eglise, en France et chez nous, elles n'ont pu aboutir à cet odieux résultat qu'*en dénaturant la Législation contemporaine* et en négligeant les restrictions qu'elle avait apposées à ses propres injustices.

Celle-ci fut donc moins coupable que les événements.

Les consciences honnêtes l'ont en général hautement reprouvée, mais il est inutile, pour les juris consultes Catholiques, de rien ajouter à la sévérité de la condamnation universelle.

Notre démonstration n'aurait rien gagné à l'exagération. La portée légale des mesures iniques qui ont atteint l'Eglise après 1789, n'en ressortirait pas plus claire, si notre interprétation avait été moins indulgente.

Toutefois à ceux qui douteraient encore que les Lois dites de spoliation, laissaient elles-mêmes aux mains de l'Eglise des titres de créance — malgré la rigueur de leur exécution, — et que l'Etat a toujours reconnu et devrait encore aujourd'hui, *confesser* ses obligations et son perpétuel engagement, nous rappellerons deux faits importants, *antérieurs au Concordat* et dont la signification n'échappera pas à nos lecteurs.

Une première fois, il fut question de fixer la compétence de la juridiction qui serait appelée à connaître des procés relatifs aux biens nationaux, *vendus* par l'Etat.

Une seconde fois, de déterminer la nature des droits résultant de la vente elle-même, vis-à-vis du propriétaire primitif.

Le croirait-on, les deux questions reçurent une double solution, également contraire au droit commun, également hostile, ajouterons-nous, à la saine raison et au sens commun.

La compétence : on n'a pas osé laisser aux juges de droit commun la solution des procès relatifs aux biens nationaux vendus par l'Etat. On l'attribua aux Conseils de Préfecture, c. a. d. au pouvoir exécutif, à ce qu'on appelle *l'Administration.*

Le droit de révendication : on le refuse encore et sous l'empire de la Constitution du 22 frimaire au

VIII, il fut admis que la vente consommée dans les *formes légales* de la chose *d'autrui* par l'Etat, ne laissait pas au vrai propriétaire le recours de la revendication, *mais seulement un droit de créance contre l'Etat.*

L'antithèse nous choque et nous scandalise, en même temps qu'elle nous éclaire et nous instruit.

11. Si la pensée du Législateur a été celle que nous disons, il faut donc reconnaitre, il faut avouer, que ce n'est ni à raison du décret de 1789, ni à raison des lois et décrets publiés depuis cette date, que le clergé a perdu ses droits *à la valeur, à un équivalent* de son ancien patrimoine. C'est le contraire qui est vrai.

Mais il faut admettre que cette Législation, seule et isolée, n'a pas créé le régime nouveau qui remplace le régime aboli et auquel sont soumis actuellement les rapports financiers de l'Etat avec l'Eglise.

Car l'Eglise, par ses réprésentants légitimes n'a pas cessé de protester au milieu des plus cruelles immolations et n'est intervenue dans aucune des mesures que la Révolution lui a violemment appliquées. Jusqu'en 1801. la puissance séculière, unique auteur ou complice des faits et des événements énumérés ci-dessus, en est seule demeurée responsable, *sans avoir conquis aucun droit nouveau.*

Le Concordat changea l'état des choses, en reconstituant les droits du Clergé sur une base nouvelle.

# II.

12. Nous avons précisé la vraie signification des lois révolutionnaires qui ont spolié l'Eglise de ses droits de propriété et nous en avons limité la portée juridique rigoureuse.

Postérieurement à ces lois, certains *faits* se sont accomplis violemment sous la Convention et ont été maintenus sous le régime de terreur qu'elle avait inauguré en France et plus tard dans les provinces de Belgique. — Mais cette violence n'a pas créé de droits nouveaux et le Concordat n'en a pas dû tenir compte.

Il en est autrement du Décret du 2 Novembre 1789 et des dispositions législatives qui l'ont suivi et que nous avons énumérées.

L'Autorité ecclésiastique compétente les a reconnus et ratifiés.

Elle a agréé les aliénations faites, *mais sous les conditions que l'Etat y avait attachées*. — Ces conditions et les obligations que l'Etat s'était imposées, de pourvoir autrement aux fins auxquelles la propriété ecclésiastique est consacrée, ont été acceptées par l'Eglise, qui les a exigées et les a stipulées dans le Concordat et dans la Bulle de Pie VII de Septembre 1801, qui le ratifie aux yeux des fidèles.

Le texte du Concordat — intervenu le 26 Messid. an IX, ratifié le 23 fructidor de la même année républicaine et publié le 8 Avril 1802 — déclare que « Sa Sainteté pour le bien de la paix et l'heureux rétablissement de la Religion, ne *troublera* en aucune manière, les acquéreurs des biens ecclésiastiques déjà aliénés et *qu'en conséquence*, la propriété de ces mêmes biens, demeurera incommutable entre leurs mains, avec les droits et revenus y attachés, ou entre les mains de leurs ayants droit. »

Le texte de la Bulle proclame « que l'Eglise *renonce à redemander* les biens ecclésiastiques et qu'en renonçant, elle fait au besoin de conserver l'Unité, *les sacrifices que la Religion peut permettre.* »

13.— Qu'est ce à dire et qui ne l'a déjà compris ?

L'Église immole librement et sous forme d'une transaction solennelle, devenue Loi nationale, les droits qui étaient les *siens* et qu'elle ne considérait pas comme supprimés valablement par les Lois antérieures.

L'Eglise renonce volontairement et pour obéir aux vues supérieures de la Providence, au droit de protester contre l'aliénation des biens ecclésiastiques et d'en faire admettre la nullité.

Elle abdique le droit de révendication qu'elle pouvait encore exercer et permet, parcequ'elle le veut, aux acquéreurs des dits biens, de garder tranquillement désormais, une jouissance qu'elle pouvait *troubler*. Elle justifie, de sa sainte autorité, des actes qui étaient primitivement coupables et elle accorde à la propriété nouvelle, *le titre* et *le fondement* dont le fait révolutionnaire l'avait laissée pleinement dépourvue.

Elle renonce à ses droits. — Donc elle les tenait avant de renoncer et son cocontractant, l'Etat, reconnait qu'il y avait porté atteinte, *injustement* et sans *efficacité légale*. Sans le Concordat, l'Etat le déclare, la spoliation, c'est-à-dire la nationalisation des biens ecclésiastiques, serait restée nulle et inopérante et *ne lui aurait pas transmis les droits anté-rieurs de l'Eglise, ni permis de légitimement les transférer à des tiers.*

Il a fallu pour les transmettre en effet, un contrat bilatéral, opérant entre les parties, une novation civile du droit de répétition ou de revendication en un droit de créance et substituant à la propriété abandonnée sous cette condition, une rente, un service d'indemnités et de prestations annuelles, perpétuel et irrévocable.

Il est rationnel dès lors, il est évident que l'Eglise pourrait, si cela lui plaît, se prévalant du contrat passé avec son Chef, revenir sur l'abdication à laquelle elle s'est soumise, *si l'Etat cessait d'exécuter les obligations qu'il a reconnues et signées.*

Et cela, l'Eglise le pourra, toujours et à perpétuité, aussi longtemps que l'honneur sera respecté sur la terre et que le Droit y trouvera des interprêtes.

Le caractère de l'abandon consenti par l'Eglise est donc facile à déterminer.

Le Concordat a légitimé les empiétements *antérieurement consommés,* au nom de l'Etat. C'est à ce point de vue que nous étions autorisés à dire, au début de cette étude, que l'Eglise elle-même a sacrifié certains droits de propriété que la Révolution lui avait arrachés, et que par conséquant le régime qui règle aujourd'hui ses rapports matériels avec le Gouvernement, date du Concordat et non pas, à vrai dire, de la Révolutiou.

14. Portalis (1ʳᵉ partie, p. 51) dans son discours au corps législatif a bien osé dire, il est vrai, que le Concordat, c'est-à-dire l'intervention simultanée du Pape et du Gouvernement, n'avait pas été indispensable pour consolider et affermir la propriété des acquéreurs de biens ecclésiastiques nationalisés.

Il outrait, en ce disant, son propre gallicanisme, pour gagner et amener à lui ces Citoyens législateurs, tout ébahis de s'entendre inviter par Bonaparte à coopérer avec lui à la restauration religieuse en France. Nous ne trouvons rien de curieux comme le soin extrème qu'eut Portalis dans tous ses discours indistinctement, de se précautionner contre les instincts d'impiété de ses auditeurs qu'il avait intérêt à ne plus révolter. — Mais à nos yeux rien n'est plus inoffensif que ces précautions qui ne laissaient rien conclure contre le sens véritable des Lois qu'il soumettait au vote de l'Assemblée. — Le Pape n'aurait pas dû intervenir, dans un contrat international, pour raffermir le droit des acquéreurs à la main-mise, et cependant ajoute le même Portalis, « il était utile que la Voix du Chef de l'Eglise vint retentir doucement dans les consciences, *pour y apaiser des craintes et des inquiétudes que la Loi n'a pas le pouvoir de calmer.* » — Et en effet, chaque disposition de cette Loi renferme l'aveu de son impuissance et de la puissance religieuse qui doit y suppléer, — chaque mot du Contrat trahit l'existence du principe qui l'a formé, — le *do ut des*, offert par les deux parties à la fois, en vertu de pouvoirs, propres mais distincts.

Les formes les plus solennelles sont données à la transaction publique, *heureusement* concluc entre l'Etat qui avait violemment modifié et altéré le régime de la propriété ecclésiastique et le Pape qui consent à valider les modifications et les altérations et à les maintenir, *mais à des conditions expresses admises par l'un et par l'autre.*

L'Eglise vient sacrifier des droits déjà immolés.

L'Etat vient restituer la partie soustraite à l'holocauste et offrir pour tout le reste, une *indemnité* sur laquelle on s'entend. — Portalis ne peut rien contre la réalité de ce fait.


**15.** — **Le Concordat n'a pas de la même ma-**

nière, réhabilité en la confirmant, la nationalisation de tous les biens ecclésiastiques et il importe gravement à la valeur de notre démonstration, de poursuivre l'examen attentif des principales dispositions de ce Pacte fondamental.

Nous venons d'en préparer l'intelligence générale et d'en tracer, pour ainsi dire, le principal considérant, invoqué par les deux parties en présence et la première des conclusions qu'il nous est permis d'en déduire.

Et d'abord, en ce qui concerne les biens définitivement vendus, l'Eglise qui consent à envisager comme irrévocable et à légitimer l'aliénation qui a été faite sans son concours, reçoit et accepte l'engagement souscrit par l'Etat :

1° De doter la hiérarchie catholique, dans tous les pays soumis à la domination française, d'un traitement *convenable*, devant, dans l'intention des deux parties, représenter la part du revenu des anciens bénéfices, qui était destinée à l'entretien des ministres du Culte.

Le chiffre de ce traitement a été fixé par les articles organiques et bien que l'Eglise ne soit intervenue ni dans la rédaction, ni dans la publication simultanée qui a été faite de ces articles et de la Convention du 26 Messidor, l'obligation du Gouvernement d'exécuter les engagements qu'il y a pris, n'en demeure pas moins certaine et rigoureuse.

Evidemment, l'Etat qui a varié le chiffre des allocations payées au clergé, sous le titre de traitement, et qui aujourd'hui le soumet au vote annuel de ses Législatures, ne pourrait, en dehors de l'assentiment du Saint Siége envers le quel il s'est volontairement lié pour l'avenir, *diminuer* ce chiffre, ou le réduire.

Il doit tout au contraire, pour rester fidèle aux stipulations mêmes du Traité qu'il a conclu avec l'Eglise, maintenir le chiffre des traitements ecclésiastiques, dans les limites de la *convenance*, ce qui veut dire qu'il doit tenir compte de la majoration successive qui n'a pas cessé d'affecter les revenus fonciers et de la décroissance relative de la valeur monétaire, depuis la date du Concordat.

En droit, la Puissance séculière ne peut plus depuis lors, rompre l'harmonie dont elle a contribué à établir les bases, ni conserver à son profit les avantages d'une fortune qui s'est multipliée entre ses mains. Elle le pourrait d'autant moins, que la somme des revenus réels des biens ecclésiastiques nationalisés et vendus, est de beaucoup supérieure à la somme des traitements ecclésiastiques, émargés sur le budget des Cultes.

En fait, l'honnêteté de cette interprétation à toujours prévalu et les Gouvernements qui se sont succédé tant en Belgique qu'en France depuis le premier Empire, ont élevé, dans une proportion assez notable, le chiffre des allocations générales payées au Clergé.

Au Congrès de 1831, en Belgique, cette interprétation a prévalu et reçu l'adhésion générale.

M. Forgeur venait de proposer de ne point fixer le chiffre du traitement et de laisser libres les Législatures, qui auraient dans l'avenir voulu réaliser des économies.

M. Lebeau répondit qu'à son avis, le taux *actuel* du traitement ne pourrait en aucun cas être réduit et M. Rogier fit justement observer que cela ne devait pas être stipulé, qu'il suffisait de garantir le traitement et qu'il était *évident* qu'on n'aurait pu le réduire, sinon que la disposition même de l'art. 117 de la Constitution serait illusoire.

2° De comprendre dans l'obligation principale contractée par l'Etat, de payer ces traitements en échange de la ratification accordée par l'Eglise aux ventes nationales consommées, l'obligation secondaire, quoique tout aussi rigoureuse, de fournir à tous les titulaires ecclésiastiques de la nouvelle hiéarchie, un logement convenable et un jardin.

Nous disons *secondaire*.

C'est en effet, aux Provinces et aux Communes que l'Etat impose la charge respective de procurer aux Evêques un palais et aux Curés un presbytère, à la place de ceux que la République aurait aliénés.

Aux yeux du Législateur, ainsique l'atteste Portalis, cette charge représente pour les provinces et les communes, la part d'avantages qu'elles ont recueillis dans le résultat général de l'aliénation des biens ecclésiastiques.

C'est ainsi que nous verrons plus tard s'ajouter aux devoirs des administrations locales, celui de contribuer, dans des proportions variables, au paiement des traitements des Vicaires, et de fournir même aux Curés, des subventions supplémentaires.

3° de prendre toutes les mesures utiles, afin de permettre aux Catholiques, s'ils le veulent, de faire des fondations en faveur des églises.

Sous les réserves déjà faites, c'est encore aux articles organiques qu'il y a lieu de recourir, pour déterminer la portée de la mesure de compensation offerte par l'Etat dans cette deuxième disposition du Concordat.

La faculté de faire des fondations n'y est pas restreinte et limitée en faveur des églises. Elle comprend les fondations qui ont pour objet l'entretien des ministres et l'exercice du culte Catholique, distinctes d'ailleurs des oblations faites par les fidèles pour l'administration des Sacrements et dont la perception par le Clergé est autorisée, comme dans le passé, conformément aux canons. (Art. 73. 69.)

Cette faculté portait au début la restriction de ne constituer des fondations qu'en rentes sur l'Etat, mais les art. 910 du code civil et 1er des décr. des 4 Pluv. an XII et 12 Août 1807, ne l'ont pas rappelée. La nécessité de l'autorisation préalable du Gouvernement doit seule être respectée aujourd'hui.

4° d'augmenter successivement le nombre des paroisses et des succursales, à mesure que les besoins religieux l'exigeront. (V. Décr. 11 Prair. an XII, 5 Niv. an XIII, 3 vent. item et 30 Sept. 1807, ainsique la Circul. ministér. du 22 flor. an X).

5° de fournir et d'entretenir les batiments des

séminaires et de les doter, par la collation de bour-
ses et de demi-bourses. (V. Décr. 3 Germ. an XII.
30 Sept. 1807. secunde, 9 Avril 1809, 30 Déc. 1801
et 6 Nov. 1813).

6° de fournir aux Cardinaux des indemnités spé-
ciales d'installation et une allocation annuelle supérieure à celle des Evèques. (Dec. 7 Vent, an XI.)

7° de faire construire des églises paroissiales
convenables, dans les communes que la Révolution
en aurait laissées dépourvues. (Art. org. 77.)

16. — Telles sont, en substance et en abrégé, les
obligations solennelles, contractées et souscrites
par l'Etat, en vue de *réparer* les pertes infligées à
l'Eglise, par l'aliénation *définitive* d'une partie de
son ancien patrimoine. Le repentir national com-
mence par offrir à la Religion publiquement réta-
blie, les *compensations* qu'elle réclamait en retour
de son pardon.

On ne saurait qu'inutilement réclamer contre
cette appréciation catholique d'un fait indéniable.

Mais ce ne fut pas tout et l'œuvre entreprise, jugée
insuffisante, devait se compléter successivement
par d'autres mesures qu'il nous reste à indiquer.

*L'Indemnité*, la prestation *en valeur équivalente* pour les biens vendus, mais en outre la *restitution en nature*, pure et simple ou conditionnelle, pour les biens qui étaient restés aux mains de l'Etat ou dont il lui demeurait permis de disposer sans lésion de tiers : tel est incontestablement le système dont l'application, inaugurée par le Concordat, fut poursuivie dans la suite avec une persévérance qui ne devait plus faillir et une franchise d'intention et de langage qui ne laisse rien à commenter.

Voici :

*A. Toutes* les églises métropolitaines, cathédrales, paroissiales et autres *non aliénées, nécessaires au Culte*, seront remises à la disposition des Evêques (1) (Concord. a. 12) et art. org. 75.

*B.* Les biens des Fabriques, *non aliénés* et leurs rentes non encore transférées, *sont rendus* et les biens de fabrique des églises supprimées, sont

-----

(1) En France, la jurisprudence admet qu'il ne résulte pas de cette disposition que la *propriété* de ces églises ait été transférée de l'Etat à l'Eglise. Or, il est à remarquer que le Décret du 2 Nov. 1789, s'est servi des mêmes termes : « *mis à la disposition* » en parlant des biens ecclésiastiques. — Voir p. 26, n° 7.

réunis à ceux des églises conservées dans le même arrondissement. (Déc. 7 Therm. **an XI** et 31 Juillet 1806.)—Dès le 8 Pluv. an XI, un décret préparatoire avait ordonné de suspendre toute vente de biens des Fabriques.

*C*. Les biens, rentes et fondations chargés d'anniversaires et de services religieux, *sont rendus à leur première destination*. (Déc. 25 frim. an XII.)

*D*. Il est indifférent que ces fondations aient été faites nommément aux Fabriques, ou au profit de tous ecclésiastiques paroissiaux nommés pour les desservir. *Toutes sont restituées*. (Instr. minist. 9 Germ. an XII.)

*E*. Les biens et rentes *non aliénés* provenant des métropoles, cathédrales, chapitres et collégiales, *sont restitués*. (Déc. 15 Vent. an XIII).

*F*. Les biens et rentes *non aliénés* provenant des anciennes confréries, sont rendus aux fabriques (Déc. 28 Messid. an XIII et Cons. d'Et. 18 Août 1810.

*G*. Les églises et presbytères de paroisses supprimées et *non aliénés*, font partie des biens *restitués* aux fabriques. (Déc. 30 mai 1806.)

*H.* Les Hospices et tous autres établissements, envoyés en possession, par la Loi du 4 Vent. an IX) des anciens biens de Fabriques, sont obligés à payer la rétribution des services religieux fondés sur ces biens. (Déc. 19 Juin 1806).

*I.* Les biens d'origine ecclésiastique, énumérés ci-dessus, vendus et aliénés, mais *rentrés dans les mains du Domaine pour cause de déchéance, sont rendus par l'Etat*, à leur première destination et restitués. (Déc. 17 Mars 1809.) Il serait difficile d'exprimer plus explicitement, l'obligation et le désir de l'Etat, de compléter ses restitutions à l'Eglise.

*K.* Les anciennes maisons vicariales *non aliénées* sont restituées aux fabriques. (Déc. 8 Nov. 1810).

*L.* Les restitutions d'anciens biens de fabriques, sont faites, libres et dégagées de toutes charges. (Déc. du 9 Déc. 1810).

*M.* Les fabriques d'églises sont déclarées propriétaires de tous les biens ecclésiastiques, demeurés celés aux Domaines qu'elles revèlent à leur profit. (V. ord. 21 Août 1812).

*N.* Enfin, le Décret du 6 Nov. 1813, organisa la personnification définitive des cures et des évêchés et régla l'administration de leurs biens restitués.

Ici encore nous rencontrons sous la main du rédacteur de ce Décret, la pensée et l'aveu des principales obligations contractées par le Gouvernement dans le Concordat avec le S$^t$ Siége.

La valeur des biens de Cure conservés, sera défalquée sur le chiffre du traitement du Curé : Il est donc évident que le traitement a été reconstitué comme équivalent de l'ancienne dotation supprimée.

17. — Qu'on en convienne, il est tout à fait impossible de ne pas reconnaître dans la série ininterrompue de ces Décrets, la volonté du Gouvernement de reconstituer le patrimoine ecclésiastique sur les bases arrêtées dans le Concordat et d'abriter sous le régime d'un Droit public nouveau, les prérogatives reconnues à l'Eglise.

Sans doute le Législateur n'a pas dit et répété formellement, toutes les fois qu'il a pourvu aux nécessités du Culte, qu'il entendait ainsi satisfaire à des obligations. Mais cela n'était nullement nécessaire et sa pensée se révèle assez claire et évidente, par le soin qu'il a pris de reconnaître l'une après l'autre, toute les conditions auxquelles l'Eglise avait soumis la Convention de 1801 et d'en assurer la fidèle et complète exécution.

Il y aurait d'ailleurs à rappeler ici bien d'autres parties de cette Législation exceptionnelle dont nous n'avons pris à tâche que de signaler certains caractères propres.

Nous pourrions-nous arrêter aux dispositions qui intéressent les établissements communaux et en regard des résultats que la main-mise des biens ecclésiastiques est venue assurer aux Bureaux de Bienfaisance, et aux Commissions d'Hospices, énumérer les obligations multipliées et importantes que cette Législation a fait contracter par les Communes vis à vis du Culte catholique. Mais ce travail, nous semble-t-il, nous entraînerait hors du sujet limité que nous traitons et nous préférons le réserver pour une prochaine publication.

Il s'agissait présentement de déterminer les obligations proprement dites de l'Etat, vis à vis du Clergé catholique et de préciser le caractère légal qui les affecte.

L'exposé que nous venons de faire contient les prémisses de la démonstration que nous avons promise et nous touchons aux conclusions de notre programme.

Elles nous paraissent invincibles et pour peu que nos lecteurs fixent leur attention sur les grandes lignes législatives que nous venons de tracer, ils verront avec nous en sortir comme d'eux-mêmes, les arguments de droit les plus irréfutables sur lesquels jamais thèse juridique ait été appuyée. — Résumons la :

18. — Nous venons d'écrire, l'histoire à la main :

Que le clergé n'a pas été spolié d'un coup par la Révolution, pour se voir immédiatement après et par grâce, allouer une indemnité de traitement;

Que la Révolution, par respect du droit inviolable et sacré de la propriété posé dans ses principes, n'a pas osé, *dès le début*, agir aussi brutalement;

Qu'elle s'est attribué d'abord sur le patrimoine de l'Eglise, un droit de nantissement ou d'hypothèque, à la condition expresse de pourvoir aux besoins du Culte et à l'entretien de son sacerdoce;

Que plus tard seulement elle vendit les biens ecclésiastiques, mais en maintenant cette condition, écrite dans ses lois, ainsique les charges assumées en faveur du Clergé et des établissements religieux qu'elle spoliait;

Que l'Eglise, le droit de revendication à la main,

traita avec l'Etat dans les articles 13 et 14 du Concordat de 1801;

Que ce traité constitue un contrat bilatéral ; plus
que cela, une transaction internationale, faite
entr'autres, sur des intérêts civils, mais la plus dis-
cutée et la plus solennelle de toutes celles que peuvent lire les hommes;

Que le droit de révendication du clergé s'y trouve
reconnu par l'Etat au profit du Saint Siége qui l'abdique;

Que l'Etat, en retour, y accepte le Clergé comme
son créancier et proclame la légitimité des anciens
droits de l'Eglise, *en s'engageant à l'aider à les lui
faire reconquérir*;

Que les biens ecclésiastiques n'ont donc pas été
enlevés à l'Eglise sans *contre valeur*, mais avec un
*titre de conversion*, comme le dit Vuillefroy, (Admin.
du Culte cathol. p. 13.) et que cette contre valeur est
devenue *le prix* de ces biens dans les mains de l'Etat
et de ses cessionnaires ou ayants-droit;

Que par conséquent la transaction concordataire
constitue le *titre* de l'Etat aussi bien que du Clergé;

Que d'ailleurs l'exécution de toutes les clauses du
Contrat a été ininterrompue, et assurée successivement par des centaines d'actes émanés de la Puis-

sance séculière. Depuis le jour même de la publication du Concordat le service du traitement du Clergé et le sévère accomplissement des promesses sacrées dont il est le dépositaire, n'ont pas cessé d'entretenir sa cause et ses droits;

Qu'enfin et en un mot, dans le Concordat et dans les décrets-lois qui l'ont suivi, l'Etat s'est constitué vis à vis de l'Eglise débiteur civil, aux termes et en vertu d'un titre d'obligation régulière et légale qu'il lui a laissé entre les mains et permis d'invoquer, toujours, au nom de la justice et de l'honneur.

Et si tout cela est vrai, si nous n'avons pas fait mentir l'histoire que nous invoquons, quelle sera dans le monde des jurisconsultes, la protestation qui s'en élèvera contre les déductions que je vais leur soumettre?

# III.

19. — Condensant la pensée de cette étude, nous formulons ainsi ces conclusions :

1° Sur le budget du culte catholique l'Etat ne paie pas au Clergé un *traitement*, mais une *indemnité* (1).

Le droit du Clergé, à cette indemnité est un droit *civil*, qui a son principe dans le *Contrat synallagmatique*, intervenu en 1801, entre l'Eglise catholique et l'Etat.

_______

(1) Au Congrès de Belgique, M. LEBEAU disait : « Les ministres du Culte ne peuvent être considérés comme fonctionnaires publics, c'est en partie, pour services rendus, en partie à titre d'*indemnité* qu'ils reçoivent un traitement de l'Etat. »

Cette Convention, revêtue des formes solennelles d'un Traité international, sous le nom de *Concordat*, a ratifié la *conversion du patrimoine ecclésiastique aliéné, en rentes*, que les lois antéconcordataires avaient décrétée.

Les biens ecclésiastiques aliénés y sont donc l'objet d'une *restitution successive en valeur équivalente*, au même titre que les biens *non aliénés* ont été *restitués en nature*.

2° La position du Clergé catholique étant celle d'un *ancien* propriétaire indemnisé au moyen d'une rente, il en résulte qu'il n'est pas le *fonctionnaire salarié* de l'Etat qui est son débiteur.

Il se présente au Trésor, en vertu d'un *droit*, le même absolument que le droit des porteurs de titres inscrits au Grand Livre de la dette nationale. Sur ce Livre, il occupe, comme le dit M. Aug. Nicolas, l'éminent Conseiller à la Cour d'appel de Paris, *la page la plus solide, la plus éclatante et la plus sacrée.* (V. aussi Circul. du Garde des Sceaux en France, 9 Octobre 1875.)

Il y a une différence, une seule.

La rente payée au Clergé est *perpétuelle*, l'indemnité qu'il perçoit est *partielle*.

La perpétuité résulte de la qualité même du credi-rentier, personne morale dont la longévité est indéfinie et la comparaison du capital aliéné avant le Concordat avec le taux si peu élevé de l'indemnité servie en retour, justifie surabondamment cette perpétuité. Le Concordat d'ailleurs n'a pas fixé le taux en chiffres ; il en a prévu et stipulé le caractère de perpétuelle *convenance*, comme les Lois antéconcordataires qui admettaient un chiffre, en avaient prévu et stipulé la révision périodique, *dans le but de le maintenir toujours à la hauteur des besoins*.

Il en est de la rente inscrite au budget sous la dénomination de traitement du Clergé, comme des autres prestations faites au Culte, également perpétuelles et toutes partielles.

Car, comme nous l'avons enseigné dès les premières pages de ce travail, le Concordat, n'a pu restaurer et rétablir tous les droits de l'Eglise, dans leur ancienne intégrité.


3° L'Etat, de son chef, ne peut pas supprimer l'*indemnité* ou le droit à la *restitution successive*, pas plus qu'il ne pourrait reprendre les biens non aliénés qu'il a rendus. — Au préalable, il retrouverait à débattre la question de *propriété* et de *créance* déjà résolue par lui-même, dans le Concordat et dans les Lois postérieures émanées de sa propre initiative. Cette question ne peut aujourd'hui ressortir aux Assemblées législatives, précisément parceque le droit actuel de l'Eglise catholique repose sur le Concordat et sur ces Lois, qui sont devenus, ensemble, la Loi *civile* de l'Etat. (Répert. Journ. du Pal. 4. 215.)

4° Il en résulte que si le Pouvoir législatif modifiait un jour le régime auquel le Concordat a soumis l'Eglise et lui imposait celui, *plus moderne*, de la séparation absolue, l'Etat ne serait pas encore dispensé du service de la rente et se trouverait en présence de l'obligation de la racheter, après avoir reconnu à l'Eglise même la personnalité et le droit de reconstituer un patrimoine commun.

Il y a là de quoi faire réfléchir les libéraux belges, maîtres aujourd'hui du pouvoir et ennemis farouches autant que déloyaux du Catholicisme et de ses ministres.

Nous attendrons que l'un d'eux nous refute et nous serions heureux qu'on s'y essaie.

5° Les traitements ecclésiastiques, aux termes du

Concordat et des Lois et Décrets que nous avons cités, sont alloués et affectés, *non pas aux personnes mais aux fonctions*. Le gouvernement n'a pas le droit de s'occuper, n'importe sous quel prétexte, de la personnalité des ministres du Culte, ni de subordonner l'exercice de leur droit civil au traitement, à d'autres conditions de capacité qu'à celle de les trouver en effet désignés comme tels, par les chefs de la hiérarchie religieuse, seuls compétents.

Toute Loi qui contrarierait cette partie de nos conclusions, porterait atteinte au Concordat et par là même aux art. 16 et 117 de la Constitution belge, qui admet la liberté de l'Eglise, qui constate son existence collective indépendante et confirme les obligations contractées vis à vis d'elle par l'Etat.